WIE SIE MIT IHREM BLOG IM JAHR 2019 GELD VERDIENEN KÖNNEN

LERNEN SIE, WIE SIE SCHRITT FÜR SCHRITT
EINNAHMEN ONLINE GENERIEREN, TAUSENDE VON
BESUCHEN AUF IHRER WEBSITE GENERIEREN

Gaston Echevarria

Inhaltsverzeichnis

Einführung

Möchten Sie Geld in der Welt des profitablen Bloggens verdienen und freuen Sie sich darauf, einer dieser 6-stelligen Blogger zu werden, von denen Sie so viel gehört haben?

Wenn ja, werden Sie jedes Wort dieses Sonderberichts lesen wollen, denn ich werde Ihnen genau zeigen, wie Sie sich den Reihen derjenigen anschließen können, die ein regelmäßiges Käufer-Tracking durch ein Netzwerk von sehr zielgerichteten Blogs gepflegt haben.

Ich habe die Unordnung beseitigt und Zeit verschwendet, damit ich Sie zum Herzen erfolgreicher Blogs führen kann, ohne den Prozess zu sehr zu komplizieren oder Sie zu zwingen, eine lange, langwierige Lernkurve zu durchlaufen.

Denn die Wahrheit ist, dass es nicht so kompliziert sein muss.

Geld zu verdienen mit sorgfältig entworfenen Nischenblogs ist nicht so schwer zu tun. In der Tat, wenn Sie auf der Suche nach einer schnellen und einfachen Möglichkeit, den Shop einzurichten, so dass Sie anfangen können, Geld zu verdienen online ohne eine große Investition, Blogging ist der richtige Weg.

Das Erstellen von hochwertigen Blogs in Ihrer Nische oder Branche, die Traffic generieren und wertvolle Inhalte und Informationen für Ihren Markt bereitstellen, ist auch eine der effektivsten Methoden, um eine autoritative Präsenz aufzubauen und sich in Ihrer Branche zu etablieren, plus unglaubliche Gewinnspannen; Blogs bringen Sie in eine gute Position in Ihrem Markt.

Und weißt du was? Das Beste an dieser Strategie ist, dass sie auch außergewöhnlich einfach zu handhaben und sehr kostengünstig ist. Es kostet nicht viel Geld, einen Blog zu erstellen. In der Tat, die meisten Arbeiten werden Ihre Zeit in Anspruch nehmen - nicht Ihre Dollar.

Also, ohne weitere Umstände, fangen wir sofort an!

Kannst du mit Blogs viel Geld verdienen?

Hier ist die Wahrheit über sechsstellige Blogs: Während Blogs (irgendwann) automatisiert werden können, sollten Sie nicht erwarten, dass die Einnahmen von Anfang an passiv sind. Sie müssen daran arbeiten, besonders wenn Sie Ihren Blog starten und eine Plattform aufbauen, die Sie in Ihrem Markt wiedererkennen wollen.

Als ich anfing zu bloggen, verbrachte ich 30-50 Stunden im Monat damit, Inhalte zu erstellen, Besucher in E-Mail-Abonnenten zu verwandeln und Produkte und Dienstleistungen zu verkaufen (von denen ich keines selbst erstellt habe - ich habe mich ganz auf Affiliate-Marketing konzentriert. Mehr dazu später).

Während ich schließlich den größten Teil meiner Inhalte an Experten ausgelagert habe, verbringe ich immer noch Zeit damit, Werbeoptionen zu evaluieren, die Produkte zu überprüfen, die ich bewerben kann, meine Mailingliste aufzubauen und Werbekampagnen zu erstellen, um den Traffic zu erhöhen und meine Blogs an der Spitze zu halten.

Während Sie viele Aufgaben an ein Team delegieren können, wie z.B. die Erstellung von Inhalten und sogar das Marketing, sollten Sie in der Anfangsphase des Baus direkt involviert sein. Das ist schließlich Ihre Marke. Sie müssen sicherstellen, dass jeder Inhalt Ihre Stimme hat, Ihre Botschaft transportiert und Ihr Unternehmen optimal repräsentiert.

Niemand wird jemals so vorsichtig und professionell mit dem Aufbau Ihres Blogs sein wie Sie, oder? Also, behalten Sie Ihre Absätze und verpflichten Sie sich, die ersten Monate des Aufbaus Ihres Blogs vom Erdgeschoss an zu verbringen. Dann und nur dann, sollten Sie anfangen, ein Team zu bilden, das Ihnen hilft, Ihren Blog zu verwalten und schließlich auf andere Wege mit anderen nischenbasierten Blogs zu expandieren (wenn Sie sich entscheiden, das zu tun).

Auch hier ist Bloggen keineswegs eine freihändige Methode, um während der INITIAL-Phasen Geld zu verdienen. Du musst bereit sein, etwas Zeit und Mühe zu investieren, wenn du wirklich erfolgreich sein willst.

Aber die gute Nachricht? Deine harte Arbeit wird sich auszahlen.

Die besten Möglichkeiten, Geld zu verdienen mit Ihrem Blog

Während es unzählige Berichte und Artikel gibt, die den Prozess des Geldverdienens durch Bloggen überkompliziert haben, hier ist eine grundlegende Zusammenfassung, wie es gemacht wird:

1: Erstellen Sie einen Blog und registrieren Sie eine unvergessliche Domain. Vermeiden Sie remote gehostete Optionen. Sie müssen die volle Kontrolle über Ihre Website haben, damit Sie die verschiedenen Einkommensmöglichkeiten ohne Einschränkungen nutzen können (oder die Anzeigen anderer Personen).

2: Schreiben (oder outsourcen) Sie

Inhalte, die Traffic erzeugen und Besucher anziehen. Diese Inhalte müssen von hoher Qualität, spezifisch und informativ sein. Alles Fleisch, kein Gemüse.

3: Verwandeln Sie Ihre Besucher in E-Mail-Abonnenten, damit Sie Ihre Liste erstellen können. Ein Newsletter ist der Schlüssel zum Aufbau eines erfolgreichen Online-Blogs. Streichen Sie das; ein Newsletter ist unerlässlich, um in fast jedem Online-Marktplatz erfolgreich zu sein. Ohne einen wirst du nie so viel Geld verdienen.

4: Kommunizieren Sie regelmäßig mit diesen Abonnenten, damit ihre Listen nicht kalt werden. Aufbau einer Beziehung von Kommunikation und Vertrauen. Fördern Sie die Beziehungen zu Ihrem Markt. Hier können Sie eine Marke aufbauen, die als Autorität in Ihrem Markt anerkannt ist, und sich von der

Konkurrenz abheben (besonders von den Bloggern, die dies nicht tun!).

5: Verkaufen Sie Produkte und Dienstleistungen an Ihre Zielgruppe über Ihren Blog und Ihren neu gepflegten Newsletter.

Klingt ziemlich einfach, nicht wahr? Das ist es. Aber es wird Zeit brauchen. Lassen Sie uns etwas tiefer auf jeden dieser Schritte eingehen, damit Sie besser verstehen können, wie es funktioniert.

➢ *ERSTELLEN SIE IHREN BLOG*

Dieser Bericht konzentriert sich darauf, wie Sie mit Ihrem Blog Geld verdienen können, daher werde ich nicht auf Details zum Aufbau der Plattform eingehen. Nur wissen, dass Sie immer eine unvergessliche Domain wählen sollten, die auf Ihren Markt abzielt und dass Sie ein professionelles Hosting-Konto einrichten, das Ihren Blog enthält. Verwenden Sie keine kostenlosen Host- oder Remote-Hosting-Optionen wie Blogger.

➢ *ERSTELLEN SIE INHALTE FÜR IHREN BLOG*

Die Art der Inhalte, die Sie erstellen, hängt von Ihrer Zielgruppe ab, aber jeder Inhalt sollte immer informativ und das saftigste und relevanteste Thema sein, das Sie sich vorstellen können.

Ihre Inhalte sind das, was den Traffic antreibt und die Besucher dazu bringt, auf Ihren Blog zurückzukommen. Sie müssen Ihren Blog als informative Quelle für Inhalte auf Ihrem Marktplatz etablieren, also sollten Sie mehr Zeit damit verbringen, überzeugende Inhalte zu entwickeln (oder das Outsourcing an erfahrene Autoren, die Ihren Markt in- und auswendig kennen).

Interner Tipp: Eine einfache Möglichkeit, zusätzlichen Wert auf Ihrer Website zu bieten, ist die Verwendung eines Plugins wie www.PostGopher.com, das den Inhalt Ihres Artikels in PDF-Dateien konvertiert, die Ihre Besucher auf ihren Computern speichern können. Dies ermöglicht es ihnen, es später zu lesen, ihre Aufmerksamkeit zu behalten und ihre Chancen zu erhöhen, den Inhalt zu verdauen.

> ***ERSTELLEN UND KONVERTIEREN VON KUNDEN***

Du musst immer daran arbeiten, deine

Liste zu erstellen. Dies ist ein Prozess, den Sie auf dem Autopiloten mit Hilfe von Opt-in-Formularen vor Ort einrichten können, die Besucherinformationen erfassen und in Ihre Mailingliste aufnehmen. Plugins wie www.OptinMonster.com machen es einfach, Besucher zu Ihren Mailinglisten hinzuzufügen.

Bieten Sie denen, die Ihren Listen beitreten, einen Anreiz, wie z.B. einen speziellen Bericht, der nirgendwo sonst in Ihrem Blog verfügbar ist, oder spezielle Angebote und Rabatte auf Produkte und Dienstleistungen. Du musst immer mehr liefern, als du brauchst, und vorsichtig anfangen. Überschwemmen Sie Ihre Abonnenten nicht sofort mit kostenpflichtigen Angeboten - bauen Sie zuerst eine Beziehung zu ihnen auf und lassen Sie sie wissen, dass Sie nach ihren Interessen suchen.

Richten Sie dann Autoresponder-Kampagnen ein, die im Laufe der Zeit eine Vielzahl von wertvollen, kostenlosen Angeboten an Ihre Abonnenten übermitteln. Ich habe persönlich eine Einführungs- und Begrüßungs-E-Mail eingerichtet, um meine Abonnenten zu senden, sobald sie in meine Liste aufgenommen werden.

Dann, 2-3 Tage später, habe ich eine weitere automatisierte E-Mail, die einen kostenlosen Sonderbericht über meine Nische anbietet. Dann, eine Woche später, fange ich an, sie so zu konditionieren, dass sie meine E-Mails öffnen, weil sie wissen, dass sie dafür einen Mehrwert erhalten. Ein weiteres kostenloses Angebot, ein spezieller Rabattcode oder eine spezielle Infografik, basierend auf dem, was meine Besucher am meisten interessiert.

Es ist nicht bis 7-12 Tage später, bevor ich anfange, aktiv zu verkaufen, und ich tue es so passiv wie möglich. Statt mutiger und persönlicher Angebote arbeite ich mit ihnen zusammen, indem ich ihnen wertvolle Ressourcen oder Werkzeuge zur Verfügung stelle, von denen ich glaube, dass sie ihr Leben in irgendeiner Weise unterstützen oder verbessern werden.

Wenn Abonnenten das Gefühl haben, dass Sie ein Freund sind, der sich um sie kümmert, und nicht ein Verkäufer, dessen einziges Interesse es ist, Geld zu verdienen, werden sie entsprechend reagieren. Also, seien Sie kein aggressiver E-Mail-Marketingspezialist - seien Sie ein professioneller Blogger mit einem Puls in Ihrem Markt und einem, der bereit ist, die Distanz für Ihren Besucher (und potenzielle Kunden) zu gehen.

➢ *Verdienen Sie sich ihr Vertrauen und ihren Respekt.*

Und schließlich, verkaufen Sie Produkte und Dienstleistungen, als ob es niemanden etwas angeht! Dann fangen Sie an, mit Ihrem Blog Geld zu verdienen, und wie Sie es tun, werden Sie sehen, worauf Ihre Besucher reagieren, damit Sie Ihr System anpassen und sowohl Ihre E-Mail-Kampagnen als auch den Inhalt Ihres Blogs anpassen können, je nachdem, was sie am meisten interessiert.

Damit kommen wir zum Kern dieses Berichts: WIE man Geld verdient.

Welche Produkte oder Dienstleistungen sollten Sie verkaufen, wie können Sie kostenlose Inhalte in Gewinn umwandeln, wie können Sie Ihren Blog als Leadgenerierungstool nutzen, mit dem Sie konsequent Geld verdienen können?

Wie das geht, zeige ich dir im nächsten Kapitel.

Partner!

Einer der wichtigsten Aspekte beim Aufbau eines profitablen Blogs ist die Entscheidung, welche Form der Monetarisierung am besten für Ihren Markt geeignet ist.

Es gibt viele verschiedene Optionen, die Ihnen zur Verfügung stehen, so dass es oft der komplizierteste Teil des Prozesses ist, herauszufinden, mit welchem Format Ihre Besucher am ehesten reagieren werden (und schließlich zu kalibrieren).

Also lassen Sie es uns aufschlüsseln, damit Sie ein sicheres System schaffen können, das es Ihnen ermöglicht, in kürzester Zeit Geld zu verdienen und die Optionen mit niedrigem Ertrag zu vermeiden, denen so viele Menschen zum Opfer fallen.

DEFINIERE DEIN ZIEL:

Sie können einen Blog starten, einfach weil Sie daran interessiert sind, Inhalte für Ihren Nischenmarkt zu schreiben. Vielleicht hast du eine Menge Informationen, die du teilen kannst und genießt es, anderen zu helfen. super! Aber, Sie müssen noch den Zweck Ihres Blogs definieren.

Ist Ihr Blog so konzipiert, dass er Besucher mit nützlichen und kostenlosen Inhalten anzieht, die Sie in einen Vorteil verwandeln können?

Planen Sie, Ihren Blog zu nutzen, um ein kostenloses Angebot im Austausch für eine E-Mail-Adresse zur Erstellung bestimmter Mailinglisten anzubieten?

Wenn ja, dann ist Ihr Blog ein Mechanismus zur Generierung potenzieller Kunden und das ist Ihr Ziel.

Das Ziel der Erstellung eines Blogs ist nicht nur, Geld zu verdienen, indem Sie Produkte und Dienstleistungen direkt verkaufen, entweder mit Ihren eigenen Angeboten oder durch Affiliate-Marketing-Angebote. Ihr Blog sollte auch ein Werkzeug sein, um potenzielle Kunden zu generieren, eine Möglichkeit, in Ihren Markt einzusteigen und Autorität in Ihrer Nische aufzubauen.

Also, *wie sollten Sie anfangen, Ihren Blog zu monetarisieren?*

➢ *Affiliate-Marketing!*

Selbst wenn Sie ein eigenes Produkt oder eine eigene Dienstleistung haben, wenn Sie neu in Ihrer Nische sind und nicht als Produktentwickler etabliert sind, sollten Sie damit beginnen, überzeugende Inhalte für Ihren Blog zu erstellen und diese Inhalte mit etablierten Produkten und Dienstleistungen von Geschäftsinhabern zu monetarisieren, die Affiliate-Marketingoptionen anbieten.

Sie können dann die Glaubwürdigkeit dieser etablierten Profis untergraben, und noch besser, Sie können sie den Großteil der Arbeit erledigen lassen!

Mit Affiliate-Marketing sind Sie nicht auf Desktops gebunden, die die E-Mails von Kunden unterstützen, die Hilfe benötigen.

Sie arbeiten nicht mit Grafikdesignern, Werbematerial und Medienkits zusammen, um Tools für Promoter zur Verfügung zu stellen.

Sie arbeiten nicht an Produkt-Updates, der Verfolgung und Behebung von Problemen oder Bugs in Ihrer Software.

Als Affiliate haben Sie eine Aufgabe zu erledigen: Verkaufen Sie das Produkt und verdienen Sie Geld!

Affiliate-Marketing ist definitiv die intelligenteste Strategie.

> ➢ **Brauchst du mehr Überzeugung?**

Affiliate-Vermarkter können profitable

Blogs schneller als jeder andere einrichten, weil Sie nicht monatelang Zeit und Geld in die Produktentstehung investieren. Sie können aus Hunderten von leistungsstarken Produkten wählen und diese mit wenigen Klicks in Ihrem Blog präsentieren.

Affiliate-Vermarkter können ein fast rein passives Einkommen generieren. Sie sind nicht an Support, Entwicklung oder Updates beteiligt, was Ihnen die Möglichkeit gibt, Inhalte zu erstellen, Ihre E-Mail-Listen zu erstellen und die Produkte des Entwicklers zu bewerten, die Ihnen so viel Geld wie möglich einbringen.

Und Affiliate-Marketing kann Ihnen auch Hot-Selling-Produkte vorstellen, die Ihnen später auf der Straße Ideen für Ihr eigenes Produkt geben, sobald Ihr Blog eingerichtet ist und Sie ständigen Traffic generieren! Sie wissen genau, welche Art von Produkten Sie verkaufen, ohne Ihre eigenen Produkte ausgiebig testen zu müssen, was das Ausfallrisiko minimiert.

Es ist eine Win-Win-Situation.

Die einzige Ausnahme von dieser Regel ist, wenn Sie ein Dienstleister sind. Wenn Sie Geld verdienen, indem Sie Beratung anbieten, Immobilien oder jede andere Art von Dienstleistung verkaufen, werden Sie diese Dienstleistungen von Anfang an auf Ihrem Blog anbieten wollen. Aber wenn Sie kein Dienstleister sind, ist Affiliate-Marketing die einzige Monetarisierungsstrategie, auf die Sie sich konzentrieren sollten.

Das ist es, was du verkaufen musst.....

Wenn Sie denken: "Welche Art von Affiliate-Produkten soll ich verkaufen? Das ist das Einzige, worüber Sie sich Sorgen machen müssen, wenn Sie sich entscheiden, wie Sie Ihren Blog monetarisieren wollen.

Der Schlüssel zum Erfolg ist, dass man nicht hinter billigen Märkten her ist. Machen Sie nicht den Fehler zu denken, dass es besser ist, ein 10 $ Produkt zu verkaufen, weil mehr Leute es wahrscheinlich kaufen werden. Es ist nicht wahr, es ist nicht logisch. Tatsächlich werden Sie die Dinge für sich selbst härter machen und viel härter arbeiten müssen, um jeden Monat ein angemessenes Einkommen zu generieren.

Stattdessen tun Sie, was professionelle Blogger tun: Beginnen Sie mit High-End-Affiliate-Produkten ($77 und mehr) und gehen Sie nach unten. Sie verdienen nicht nur mehr Geld, sondern müssen auch nicht fast so viele Kopien verkaufen, um es zu tun!

Die einzige Möglichkeit, wie ein Low-End-Produkt funktioniert, ist, wenn Sie eine solide Unterstützung durch höherpreisige Produkte haben. In der Ausgabe nennen die Autoren dieses erste Produkt (Buch 1 seiner Serie) einen verlorenen Führer. Im Grunde genommen verkaufen Sie zu einem Preis, der niedrig genug ist, um Käufer zu qualifizieren (und nicht freie Suchmaschinen), während Sie sie dazu verleiten, Ihre höherpreisigen Backend-Produkte zu kaufen. Dort verdienst du dein Geld.

Im Affiliate-Marketing ist der einzige Weg, ein erstes Angebot zu einem niedrigen Preis zu verkaufen, sinnvoll, wenn Sie eine Reihe von hochpreisigen Backend-Angeboten zu ergattern haben. Wenn Sie anfangen zu bloggen (und im Affiliate-Marketing), ist es viel einfacher, Gold zu kaufen und höherpreisige Angebote auf Ihrer Vorderseite zu fördern, während Sie dabei Ihre Zähne schneiden.

Darüber hinaus, wie Sie Affiliate-Angebote fördern und Ihre E-Mail-Listen erstellen, können Sie leicht Ihr eigenes Produkt später zu einem höheren Preis einführen, weil Sie Gruppen von Abonnenten kultiviert haben, die sich wohl fühlen, wenn sie höhere Preise zahlen.

Und denk daran, die Metrik, die über allen anderen steht, ist die Nummer auf deiner Mailingliste. Machen Sie sich keine Sorgen um Abonnenten von RSS-Feeds -

die es nicht mehr wert sind, in Betracht gezogen zu werden - konzentrieren Sie sich einfach auf die Erstellung Ihrer Newsletter, denn das wird der wahre Prädiktor dafür sein, wie viel Geld Ihr Blog verdienen wird.

WAS DU WISSEN MUSST:

Wie können Sie die besten Affiliate-Produkte für Ihren Blog finden?

Die einfachste Lösung ist es, dem Chitika-Werbenetzwerk beizutreten: https://chitika.com/publishers

Während es viele verschiedene Werbenetzwerke gibt (und ich werde mit Ihnen einige andere teilen, die in einem Moment Geld verdienen), ist Chitika eines der wichtigsten Online-Werbenetzwerke.

Hier sind einige andere, die ich benutzt habe. Das sind alles fantastische Ressourcen für neue Blogs:

LinkShare: *Rakuten Marketing:

<font color=#38B0DE>-=https://www.linkshare.com/=- Proudly Presents

Eines der größten Online-Affiliate-Netzwerke mit über 10 Millionen Affiliate-Vereinigungen. Es wird Ihnen nicht an der Auswahl der Produkte und Dienstleistungen mangeln, aus denen Sie wählen können.

Auftragsverknüpfung:

<font color=#38B0DE>-=http://www.cj.com/=- Proudly Presents

Dieses ist das, mit dem ich vor vielen Jahren angefangen habe (ich habe sogar eine hölzerne Zugpfeife, die sie an ihre erste Welle von Affiliates geschickt haben), und ich benutze sie noch heute. Sehr zuverlässiges und zuverlässiges Werbenetzwerk.

ShareASale:

<font color=#38B0DE>- =https://www.shareasale.com/=- Proudly Presents

Eines der beliebtesten Werbenetzwerke mit mehr als 3.000 teilnehmenden Händlern, so dass Sie eine Vielzahl von Produkten finden, die Sie bewerben können.

Amazon Partnerprogramm:

<font color=#38B0DE>- =https://affiliate- program.amazon.com/=- Proudly Presents

Obwohl die Zahlungsquote niedriger ist als bei vielen anderen Netzwerken, bieten sie Ihnen die Möglichkeit, Produkte einer hoch angesehenen Marke zu verkaufen und gleichzeitig Zugriff auf Ihren gesamten Produktbestand zu haben. Ich empfehle, eine Handvoll Produkte auszuprobieren, wenn Sie anfangen, in Ihrem Blog zu schreiben, da sie außergewöhnlich einfach zu bedienen sind.

Ich werde einige der anderen Werbenetze, die ich am Ende dieses Berichts genutzt habe, in den Abschnitt Ressourcen aufnehmen. Fürs Erste, verbinden Sie diese vier Netzwerke und scannen Sie Ihr Inventar für eine Handvoll Produkte, die für Ihre Nische relevant sind und was Sie denken, dass Ihre Besucher am meisten interessiert sein würden.

Dann erstellen Sie Ihre Inhalte. Wenn Sie ein knappes Budget haben und planen, den größten Teil der Arbeit auszulagern, geben Sie den größten Teil Ihres Geldes für die Entwicklung von Inhalten aus. Auf diese Weise heben Sie sich von anderen Blogs in Ihrem Markt ab, erregen die Aufmerksamkeit Ihres Publikums und fördern den wiederholten Traffic. Wenn Sie nichts anderes tun, verbringen Sie Zeit (oder Geld) damit, KILLER-Inhalte in höchster Qualität zu erstellen.

> ➢ *Sie sind sich nicht sicher, worüber Sie schreiben sollen?*

Recherchieren Sie die Top 10 Blogs in Ihrem Nischenmarkt. Schauen Sie sich an, was sie schreiben, welche Art von Schlagzeilen und Titeln sie verwenden, welche Artikel haben den größten Geschmack und Kommentar? Notieren Sie sich alles, was Sie finden, und erstellen Sie einen Informationsschieberegler, der Ihnen hilft, die Art von Inhalten zu erstellen, die diejenigen in Ihrem Markt am meisten interessieren.

Nimm dir Zeit damit! Wenn Sie sich nicht sicher sind, welche Art von Inhalten Ihre Besucher am meisten wünschen, müssen Sie wirklich einige Zeit mit der Recherche verbringen, bevor Sie beginnen. Es dauert nicht lange. Verbringen Sie ein oder zwei Stunden damit, populäre Blogs zu scannen, und Sie werden schnell eine Liste möglicher Ideen haben.

Denken Sie daran, alles, was Sie wirklich brauchen, um mit dem Bloggen zu beginnen, sind 2-3 hochwertige Artikel. Oder drehen Sie das Skript um und bieten Sie Ihren Besuchern eine Kombination aus verschiedenen Inhaltstypen, darunter Infografiken, Artikel oder ein Video.

Und richten Sie immer Ihre Opt-in-Mailingliste ein, bevor Sie anfangen, Traffic auf Ihren Blog zu leiten.

Wenn Sie eine erschwingliche und einfach zu bedienende Option wünschen, besuchen Sie http://www.MailerLite.com oder http://www.MailChimp.com und integrieren Sie dann eine Opt-In-Anwendung wie LeadPages.net oder OptinMonster.com, um den Prozess zu optimieren.

Zusammenfassung:

- Erstelle 2-5 Stück Killer-Inhalte in Form von Artikeln, Infografiken oder Videos.

- Investieren Sie in einen Mailinglistenservice und richten Sie Ihre Willkommens-/Präsentations-E-Mail ein.

Verkaufe nicht in den ersten 2-3 E-Mails.

- Bieten Sie ihnen EINE Sache kostenlos an: einen Bericht, einen kostenlosen Download oder etwas anderes, das Ihren Markt anspricht.

- Integrieren Sie 1-3 Affiliate-Produkte in Ihre Blog-Inhalte und Newsletter der Mailingliste.

- Wenn Sie es sich leisten können, kaufen Sie ein Opt-in-Plugin für Mailinglisten, das potenzielle Kunden erfasst.

Sie können darauf verzichten, indem Sie einfach Ihren Mailinglisten-Registrierungscode in Ihren eigenen Blog integrieren, aber ehrlich gesagt, sind Anwendungen wie OptinMonster.com viel professioneller, da sie nicht nur automatisch Popups oder Seitenformulare erstellen, sondern Sie können sie auch so anpassen, dass sie basierend auf den Aktivitäten des Benutzers erscheinen (z.B. wie oft der Besucher dort war, wo der Besucher sich auf Ihrer Website befindet, etc.).

- Bewerten Sie Affiliate-Produkte regelmäßig aus dem Affiliate-Netzwerk heraus. Halten Sie den Puls auf Ihrem Markt, indem Sie ständig Blogs besuchen, die in Ihrer Nische eingerichtet sind, um mit der Art der Inhalte Schritt zu halten, die Sie viel Aufmerksamkeit erhalten, sowie der Art der Produkte, die Sie verkaufen.

- Generieren Sie Traffic! Binden Sie potenzielle Besucher durch Social Media ein, erstellen Sie Werbekampagnen mit dem Content Viewing Network von

Google, nutzen Sie Foren und Communities innerhalb Ihrer Nische, um Ihren Blog zu präsentieren und die Präsenz zu maximieren.

Fazit

Ich möchte, dass du heute mit dem Verkauf beginnst. Machen Sie nicht den Fehler, den so viele Anfänger machen und denken Sie, dass Sie zuerst Ihre Abonnentenliste auf 1.000 erhöhen sollten, bevor Sie anfangen zu verkaufen. Machen Sie sich keine Sorgen, dass Sie in Ihrem Blog "genügend" Inhalte haben.

Beginnen Sie, indem Sie 2-3 hochinformative Artikel auf Ihrem Blog veröffentlichen, die für Ihre Zielgruppe von Interesse sind, und wählen Sie aus 1 bis 3 Affiliate-Produkten, die Sie bewerben möchten. Teilen Sie das und präsentieren Sie ein Produkt für alle 2-3 Artikel auf Ihrem Blog, mit den anderen Affiliate-Angeboten, die an Ihre Newsletter-Abonnenten gesendet werden.

Der Schlüssel dazu ist, nicht nachdrücklich zu sein. Bieten Sie wertvolle Inhalte, die Besucher anziehen und ein oder zwei Affiliate-Angebote in Ihre Blog-Struktur integrieren. Auf diese Weise stellst du es ihnen nicht ins Gesicht, sondern erinnerst sie an ein nützliches Werkzeug oder einen Dienst, der ihnen in irgendeiner Weise helfen wird.

Es ist schwer, als Blogger motiviert zu bleiben, wenn man kein Geld verdient, also wenn man seine Bemühungen sofort beginnt, anstatt zu versuchen, alles zu perfektionieren, wird man viel schneller Ergebnisse sehen. Sie können auch Einnahmen generieren, die in Richtung Training Ihres Teams, der Einstellung von Autoren und Marketingfachleuten gehen.

Sobald Sie diesen ersten Scheck

eingelöst oder die erste Paypal-Zahlung für Ihre Affiliate-Verkäufe akzeptiert haben, vertrauen Sie mir; Sie werden begeistert sein.

Jetzt ja, ich wünsche dir das Beste für deine Ergebnisse, und denk daran, alles ist praktisch; Theorie ohne Handeln nützt dir nichts.

Eine große Umarmung, dein Freund, Gaston!

Übrigens, wenn Sie Ihre Ergebnisse nach und nach erreichen, empfehle ich Ihnen sehr, wenn Sie viel mehr über die Methoden des Geldverdienens erfahren wollen, mein Buch "MAKING MONEY WITH YOUR INSTAGRAM ACCOUNT" ist ein Buch, das Ihnen sicherlich auf dem Weg zur "finanziellen Freiheit" sehr helfen wird. Sie können es ohne weiteres in der

Amazon-Suchmaschine finden, wie: "Mit Ihrem Instagram-Konto Geld verdienen" oder nach meinem Namen suchen, wie: "Gaston Echevarria"..... Ich wünsche Ihnen noch einmal viel Erfolg bei Ihren Ergebnissen!

Zusätzliche Ressourcen

Ressourcen für Kampagnen

Hier finden Sie Links zu den Ressourcen in diesem Handbuch:

Werbenetzwerke:

LinkShare: https://www.linkshare.com/

Kommissionsabteilung:
http://www.cj.com/

ShareASale:
https://www.shareasale.com/

Amazon Partnerprogramm:
https://affiliate-program.amazon.com/

Google Affiliate-Netzwerk:
https://www.google.com/ads/affiliatenetwork/

Erste Wahl für digitale Produkte:

www.JVZoo.com

Professioneller Tipp: Bieten Sie einen Mehrwert, indem Sie Ihre Inhalte in herunterladbare PDF-Formulare verwandeln, die Ihre Besucher lieben werden! == Sync, korrigiert von <font color="#00ff00">elderman == == == für <font color="#00ffff">http://www.PostGopher.com ==

Optionale Formulare/Listenersteller:

http://www.OptinMonster.com

http://www.LeadPages.net

Anbieter von Mailinglisten:

http://www.mailerlite.com

http://www.MailChimp.com

www.ingramcontent.com/pod-product-compliance
Lightning Source LLC
Chambersburg PA
CBHW051205170526
45158CB00005B/1824